Ayudamos

Quinn Baker

¿Cómo ayuda esta familia a la Tierra? Usan las bolsas más de una vez.

¿Cómo ayudamos en la escuela?
Separamos la basura.

¿Qué hace ella para ayudar a la Tierra? Apaga la luz.

¿Y ella?
Usa poca agua.

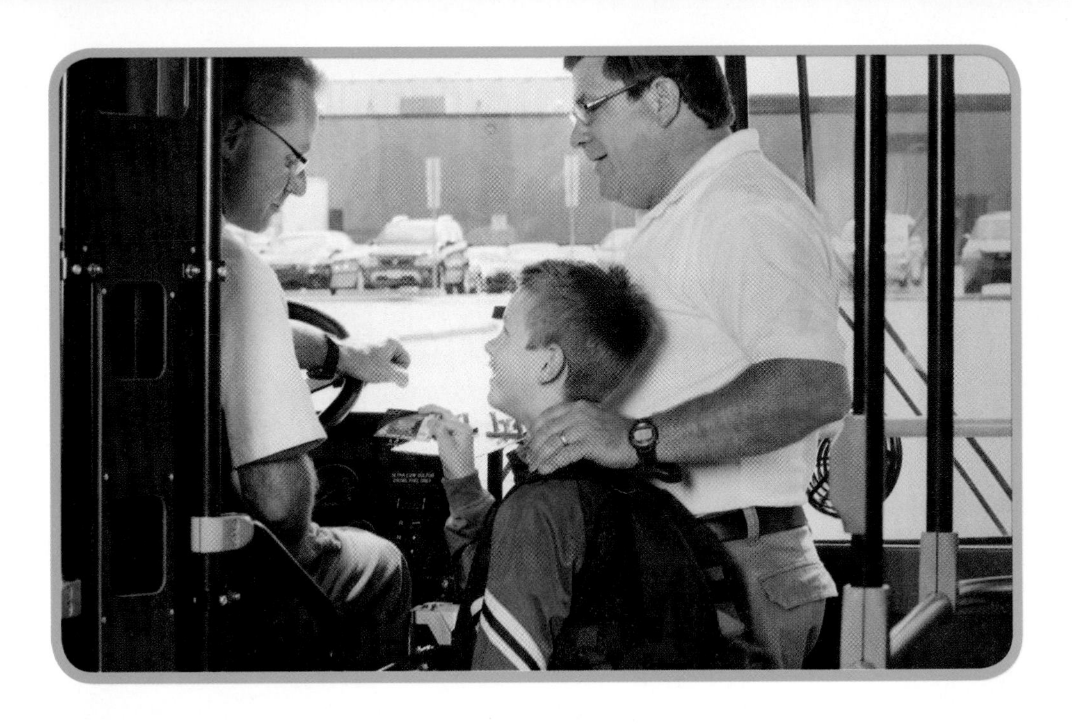

¿Cómo ayudan ellos
a la Tierra?
Toman el autobús.

¿Y ellos?
Usan la bici o caminan.

¡Tú también puedes ayudar a la Tierra!